LA PESCA SIMPLE CON PAN

¿El Verdadero Secreto?
¡La Experiencia!

Lelio Zeloni

Copyright © 2020 Lelio Zeloni

Todos los derechos reservados

ISBN: 978-1-80111-641-1

Primera edición en español: agosto de 2020
Edición original: diciembre de 2018 "La Pesca Semplice con il Pane - Il Vero Segreto? L'Esperienza!"

El Autor:

Lelio Zeloni nació en Prato, el 8 de agosto de 1953. Desde que era adolescente, ha tenido dos pasiones, la pintura y la pesca. A lo largo de los años ha practicado spinning, pesca con mosca, tenkara y por supuesto, su favorito, pescar con pan. Estas experiencias con diferentes técnicas, lo han ayudado a convertirse en el experto pescador que es hoy.

Las reproducciones realizadas con fines profesionales, económicos o comerciales o para usos que no sean de uso personal sólo se podrán realizar previa autorización específica, emitida por el autor.

ÍNDICE

PREFACIO   5

INTRODUCCIÓN   9

1. EL COMIENZO   11
2. LOS FLOTADORES   29
3. LA ACTITUD CORRECTA PARA LA PESCA   35
4. LA TÉCNICA ADECUADA   41
5. EL TIPO DE PAN ADECUADO PARA PESCAR   47
6. EVITA LOS EQUIPOS INNECESARIOS   53
7. COSAS IMPORTANTES A SABER   57
8. MEDIDAS MÍNIMAS DE LOS PECES   65
9. EL TIPO DE PECES QUE PUEDES CAPTURAR CON PAN   69

CONCLUSIÓN   93

Prefacio

A fines del siglo XIX, el economista Vilfredo Pareto descubrió que el 80% de la riqueza y los ingresos del mundo era producido por el 20% de la población. Probablemente, ahora te estés preguntando: "¿Qué tiene esto que ver con un libro sobre pesca?" ¡Mucho!

Déjame contarte sobre el Principio de Pareto, también conocido como la Ley del 80/20. El principio establece que alrededor del 20% de las causas, crean el 80% de los efectos. Entonces, el 80% de lo que obtenemos, es causado por solo el 20% de lo que hacemos. En cada campo o sector, la mayoría de los efectos son causados por un número limitado de causas.

Entonces, notarás con gran sorpresa, que el 80% de la riqueza mundial está en manos del 20% de la población, el 80% de las ganancias de una empresa se generan en un 20% de las ventas, el 80% de sus resultados se generan en un 20% de tus acciones.

Este principio está presente en muchas áreas de nuestra vida.

Incluso la pesca no es inmune a este principio. Recuerda, el 20% de lo que haces, genera el 80% de tus resultados.

Entonces, si la mayoría de los resultados provienen de una pequeña parte de nuestras acciones, significa que la mayor parte de lo que hacemos es de poco valor y bastante inútil.

Este libro encarna perfectamente el principio de Pareto. Estas páginas, que están escritas de una manera muy simple, son muy efectivas, son la esencia de la experiencia que te enseñará, que el 20% te dará el 80% del valor, dejando de lado todo lo que es irrelevante e innecesario para una pesca exitosa.

¿Quieres saber algo? Es la primera vez que escribo el prefacio de un libro y lo estoy haciendo para el libro de mi padre.

Debo confesar que me conmoví un poco cuando leí este libro. Mientras lo leía, muchos recuerdos vinieron a mi mente. Durante la adolescencia a menudo iba a pescar con mi padre y mis amigos, especialmente en el verano.

Nuestro destino favorito era el río Seggio en Marina di Castagneto Carducci. Recuerdo el placer de estar en compañía y apreciar la simplicidad. Si cierro los ojos y pienso en ello, puedo escuchar la risa de mis amigos a lo lejos y el sonido de la brisa marina que acaricia las cañas en el río.

Mi padre, siempre me ha enseñado a respetar la naturaleza, el medio ambiente y los animales. Esta es también la razón por la que siempre arrojamos los peces nuevamente al agua, pero sobre todo, siempre dejamos limpio el lugar de pesca.

Cuando vayan a pescar, queridos lectores, recuerden proteger el medio ambiente.

Pero has comprado este libro porque quieres mejorar tu pesca, así que espero que tengas una feliz lectura.

Dr. Edoardo Zeloni Magelli

Introducción

Este libro fácil de aprender, quiere ser una guía útil, tanto para aquellos que desean comenzar a pescar con pan, como para los pescadores más experimentados que desean mejorar sus habilidades de pesca. En estas páginas encontrarás consejos muy prácticos sobre cómo pescar con pan, tendrás una imagen de las variedades de pan ideales, aprenderás cómo preparar tu cebo y colocarlo en el anzuelo correctamente.

El pan es un cebo filosófico, es adecuado para muchos peces y, gracias a su aroma, una vez en el agua, libera un rastro muy tentador, atrayendo a muchos cardúmenes de peces, dentro del alcance de la caña de pescar.

El aroma es tan atractivo para ellos que a menudo los peces ni siquiera notan que la línea de pesca está colocada. Por si acaso, siempre es una buena idea tener un poco de tanza o hilo de pesca y un anzuelo más grande, que puede evitarnos sorpresas en caso de que atrapemos un pez más grande.

Por supuesto, no solo hablaré sobre el pan, aquí encontrarás consejos sobre los diferentes tipos de flotadores o boyas y cuáles son los mejores para usar, tanto en mares tranquilos como agitados, aprenderás también sobre la longitud de las cañas a utilizar, que dependerá de dónde decidamos ir a pescar.

Te enseñaré cómo reconocer los lugares adecuados para pescar, enseñándote a usar tu lógica, pero sobre todo, entenderás cual es el momento adecuado para ir a pescar, observando las mareas. Con el tiempo, adquirirás el sentido del agua, que también te ayudará a comprender dónde encontrar los peces y, por lo tanto, atraparlos, lo que te dará una gran satisfacción.

Desde el punto de vista editorial, éste seguramente, no será el libro perfecto, así que espero que me perdones ya que lo importante, es que aprendas a pescar.

También he disfrutado mucho haciendo las ilustraciones de este libro, el dibujo y la pintura siempre han sido (junto con la pesca) mis grandes pasiones, pero esta es otra historia.

Un agradecimiento especial por la creación de este libro, va para mi hijo Edoardo, también debo agradecer a mi esposa Donatella por las fotografías y a mi hija Carlotta, por los gráficos y el video. Muchas gracias.

Feliz lectura.

1. EL COMIENZO

Mis queridos amigos pescadores, si me hubieran dicho, cuando era niño, que un día escribiría un libro sobre pesca, nunca lo habría creído, pero realmente sucedió.

Cuando llegamos a cierta edad, sentimos la necesidad de dejar rastros de nuestro tiempo en la tierra, sentimos el deseo de transmitir nuestra experiencia acerca de algo en lo que nos desempeñamos bien.

He dedicado toda una vida a la pesca, experimentando muchas técnicas. Practiqué pesca de spinning, pesca con mosca, Tenkara y, por supuesto, mi favorita, la pesca con pan. Estas diferentes técnicas han desarrollado en mí lo que yo llamo "el sentido del agua".

En cualquier lugar de pesca al que vaya, entiendo dónde están los peces y me acerco a ellos de la manera correcta utilizando una lógica simple.

Si sigues mi consejo simple pero efectivo, también desarrollarás este sentido en poco tiempo y te convertirás en un excelente pescador.

En el poco tiempo que dediques a leer este libro, te transmitiré toda mi experiencia de pesca.

Piensa en lo afortunado que eres, he pasado toda una vida aprendiendo lo que sé, mientras que tú lo habrás aprendido en unas pocas horas.

Un gran secreto es la experiencia vivida, repleta de errores y dudas (muchísimas), pero eso fue necesario para convertirme en el pescador que soy hoy.

Hay dos tipos de pescadores, uno captura el agua y el otro, captura al pez. Yo fui quien capturó el agua, nunca atrapé nada, pero vi a aquellos con admiración que, a mi lado, atraparon muchos peces. Yo solía decir:

"Atrapan peces porque tienen suerte"

¡Incorrecto! Atrapan peces porque pescan de la manera correcta.

Tenían una buena caña de pescar, un buen carrete, una línea perfecta y el cebo correcto, pero sobre todo, sabían bien la técnica. Todas cosas que yo no tenía.

Seguí mirando a esos pescadores, los estudié, siempre tratando de aprender algo, a veces también les pedía consejos, pero no siempre estaban dispuestos a dármelos.

Tal vez porque era solo un niño y no querían perder el tiempo conmigo, fui el pescador de muchos fracasos, con muchos equipos equivocados y que nunca lograron atrapar un pez. Sin embargo, los errores son una gran fuente de aprendizaje.

Una de las primeras cosas que entendí, que también es lo más importante cuando se pesca en el mar, es aprender a observar las mareas. Es inútil pescar cuando el mar se retira, los peces van hacia el mar (marea baja). Es correcto pescar cuando la marea regresa trayendo los peces con ella (marea alta).

Otra duda que siempre tuve fue sobre el cebo. Siempre escuché a los pescadores hablar entre ellos, algunos usaban lombrices de tierra, otros usaban coreanos, algunos camarones y otros cebos artificiales y pan, etc…

¡Que lío!

Por supuesto, cada tipo de pez, requiere su propio cebo si queremos atraparlo.
Yo era un niño muy tímido y me resultaba difícil ir a la tienda de caza y pesca, porque no sabía qué tipo de cebo comprar.

Era el año 1967, yo tenía 14 años y estaba en Castiglioncello, donde cada agosto pasábamos nuestras vacaciones junto a toda mi familia.

Mis padres me habían regalado una caña de pescar, la clásica "Fiorentina". Era una varilla injertada, hecha de un material que se llamaba "caña dulce", estaba hecha de 4 piezas, cada una de 1,50 metros de largo por un total de 6 metros.

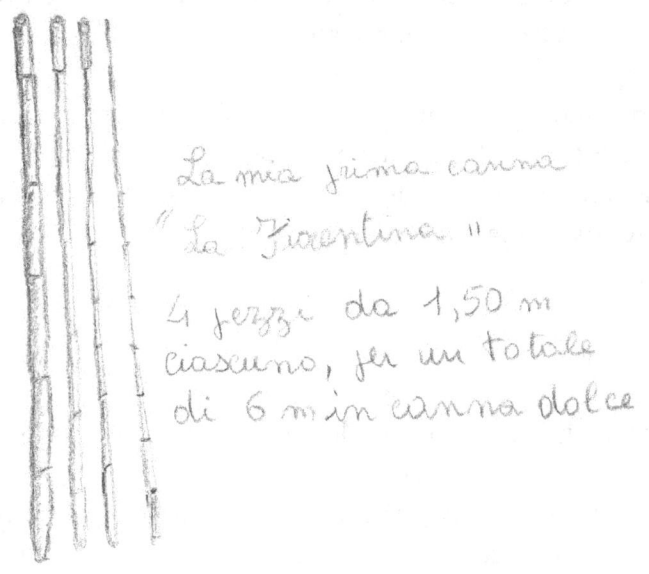

Fig. 1: *Mi primer caña "Fiorentina". 4 piezas, 1,50 m. cada una, por un total de 6 m de "caña dulce"*

Comencé a pescar tanto en el río como en el mar con esa caña. Pero dentro de mí, estaba la duda habitual. ¿Qué cebo debo usar?

Un día, mientras observaba a algunos pescadores en las rocas cuando estaba en Bagno Tre Scogli en Castiglioncello, noté que tenían un pequeño cubo a su lado, en el cual colocaban trozos de pan.

Tomaban esos pedazos de pan, los remojaban en agua y luego los apretaban con las manos, luego pusieron el pan en un trapo de algodón, sosteniéndolo con la mano izquierda, tirando el trapo hacia arriba por los cuatro lados, y con la mano derecha giraban la bola de pan que estaba dentro del trapo, apretándola lo más posible, como cuando escurres un paño de cuero para secar tu automóvil.

Estas imágenes permanecieron impresas en mi mente, de hecho, impulsado por la curiosidad, decidí intentarlo también.

Tal vez finalmente resolvería mi duda sobre el cebo a utilizar. Tenía pan en casa y pensé que era un cebo que tendría disponible en todo momento.

Fantástico, pensé lleno de entusiasmo, tomé algunas rebanadas de pan, las empapé en agua, las apreté como había observado y me subí a las rocas para intentar pescar.

Junté la caña de pescar, la línea era la misma con la que solía pescar en el río. No recuerdo con qué tipo de línea y anzuelo solía pescar, solo recuerdo que tenía un flotador muy común que no era muy apropiada. Eso es todo lo que tenía disponible.

Hasta aquí todo bien, lo mejor vino después. Puse el pan en el gancho e hice varios lanzamientos, pero el pan siempre se caía, se caía del gancho y caía al agua. Sin embargo, si había algo positivo que tenía, era perseverancia.

Alguien que me observaba, quizás movido por la compasión, me señaló que el pan todavía estaba muy húmedo, así que me ayudó a preparar el cebo. Tomó una bolita de pan, la puso en el gancho y comenzó a trabajarla a fondo, la giró y continuó girándola, hasta que tuvo la forma de una pequeña pera.

"¡Inténtalo ahora!" Dijo.

¡Maravilloso!

Me las arreglé para lanzar sin perder el pan, miré el flotador con entusiasmo, luego lo vi hundirse y el caballero dijo:

"¡Tira!"

Debí haber llegado tarde porque no cogí nada. El caballero dijo:

"Inténtalo de nuevo, cuando veas que el flotador se mueve, tira inmediatamente, el pan no es como una lombriz de tierra, se desprende inmediatamente del gancho"

Lo intenté de nuevo, emocionado por el hecho de que me observaban, presté más atención. En cuanto vi moverse el flotador, tiré, no de forma convencida, pero cuando sentí un ligero tirón y vi un reflejo plateado moviéndose en el agua, me di cuenta de que finalmente, esta vez, había atrapado un pez.

"¡Lo tengo, lo tengo, lo tengo!"

Grité varias veces, tenía la brillante expresión de alguien que finalmente había alcanzado su meta. Mi primer pez atrapado en el mar, sólo piensa, ¡qué alegría!

Miré las caras de la gente que estaba allí y vi que me miraban con agrado y se reían. Comprendieron mi alegría. Era mi primera vez, ¡mi primer pez!

Este tipo de emoción nunca se olvida, es una emoción que dura en la mente para siempre, no puede ser borrada, es permanente, forma la psique individual.

Muy a menudo, incluso hoy en día, me emociono cuando estoy pescando en las rocas y veo a algunos niños con sus expresiones de alegría a mi lado cuando pescan.

Ese momento, esos jóvenes, la alegría de atrapar un pez, me lleva de vuelta a mi propio momento pasado, y una frase que leí en un libro de Marcel Proust "Por el Camino de Swann" me viene a la mente.

"¿Alguna vez ese recuerdo tocará la superficie de mi plena conciencia, ese antiguo momento al que la atracción de un momento idéntico, ha llegado tan lejos para recordarlo, para conmoverme y levantarme en las profundidades de mí mismo? No lo sé"

Año tras año adquirí más y más experiencia, comencé a pescar diferentes tipos de peces, pargo, dorado, salmón, aunque los pequeños. Me di cuenta de que podía atrapar diferentes tipos de pescado con pan. Perfecto, pensé, es el cebo perfecto para mí.

Desde mis veranos en Castoglioncello hasta ahora, siempre he ido a pescar con pan.

Después de casarme y tras el nacimiento de mi hijo Edoardo (1984), mi esposa y yo decidimos empezar a acampar, sentí la necesidad de perderme en la naturaleza.

Elegimos un camping muy diferente a los demás, en la Toscana, en Marina di Castagneto Carducci, cerca de Donoratico en la costa de Livorno.

Era un lugar donde se respiraba la verdadera naturaleza, podríamos decir que era un bosque detrás de las dunas del mar. Era perfecto porque tenía la oportunidad de pescar en el mar y en el río, ya que había un río cercano llamado "Il Canale" (El Canal), es el río "Seggio".

No te puedes imaginar cuántas veces he pescado tanto en el mar como en el canal. En este río había muchas lisas, algunas de ellas eran grandes.

Las orillas y el fondo del océano estaban llenos de lombrices. Recuerdo que antes de pescar cogíamos una pala y desenterrábamos el fango del fondo del océano, lo poníamos en la orilla junto a nosotros, entonces el agua se escurría del fango mezclado con la arena y las lombrices salían.

Fue una gran experiencia encontrar carnada en el lugar, esto nos hizo sentir como verdaderos pescadores. Sin embargo, después de algunas veces, volví a pescar con pan, ya que es un tipo de pesca mucho más simple y limpia.

El agua del canal estaba quieta y opaca y la técnica de pesca que usé fue ésta:

- El flotador más sensible posible

- Hilo de 0,18

- Gancho numero 10 cubierto con una pequeña bola de masa en forma de pera

- Pescamos cerca del fondo

Por supuesto, el lugar estaba cebado con pan, de esta forma, estábamos asegurados. Pescamos tanto por la mañana temprano, como por la tarde.

Había muchas Lisas y mordían el anzuelo todo el tiempo. Solíamos tirarlas de nuevo porque el agua no era de la mejor calidad, sólo nos divertíamos atrapándolas.

Después de 20 años pasados en Marina di Castagneto, habiendo pescado en el mar y en el río y habiendo probado diferentes tipos de técnicas de cebo, puedo decirte que el mejor cebo, es el pan.

Después de muchos años de vacaciones en Marina di Castagneto Carducci, decidimos probar Vada, también en la costa de Livorno en Toscana, había también un bosque detrás de las dunas del mar y por supuesto, algunos lugares excelentes para pescar.

Había pequeños acantilados en el mar, algunos eran arrecifes artificiales, otros eran simples rompeolas, mientras que otros bordeaban algunos balnearios.
Seguramente eran lugares excelentes para pescar, de hecho, estaba lleno de pescadores por la mañana. Quería descubrir el nuevo lugar con el ojo de un pescador, y comencé a examinar la zona para conocerla mejor.

Empecé a observar la pesca, pero con gran decepción no vi que nadie pescara nada. Inmediatamente comprendí por qué, el mar se había retirado, las rocas que habían quedado al descubierto estaban todavía húmedas, y por supuesto, cuando el mar se retira se lleva todo lo que los peces comen, con él, y como consecuencia, incluso los peces, están en el mar.

Este movimiento del mar se llama marea baja.

La pesca no es aconsejable con este tipo de marea, es una pérdida de tiempo porque sólo quedan pequeños peces que apenas muerden.

El momento adecuado para pescar es cuando la marea está alta, notarás que lentamente el agua cubrirá las rocas que quedaron al descubierto, y en esta ocasión todos los peces que se habían ido, volverán.

Hay que cebar el lugar con puñados de pan mojado y desmenuzado a intervalos regulares para que los peces permanezcan allí.

Cuanto más se separe el pan y flote, más se permanecerán los peces en la zona.
Verás mucho movimiento en el agua, será una continua afluencia de peces codiciosos.

Verás a los peces más grandes aplastando a los más pequeños. Las Lisas, serán las primeras en llegar, luego los Pargos, las Merluzas, etc...

Estos son los clásicos peces de superficie.

Si también tiras una masa compacta del tamaño de un limón, ésta caerá rápidamente al fondo atrayendo a los Pargos, Salpas, dorados y todos esos peces que viven en el fondo del mar.

Imagínate en el lugar de pesca. Has comprendido que es el momento adecuado para pescar, la marea está alta, has puesto el cebo y el pan empieza a funcionar. Ahora sólo tienes que preparar tu caña de pescar.

Puedes pescar con una caña fija o con lo que llamamos una caña "boloñesa".

El pescador que comienza a pescar con una caña fija siempre tendrá una mayor experiencia en comparación con uno que no haya probado esta técnica.

Cuando capturas un pez de calidad, sólo tu experiencia y tu conocimiento del uso de su caña te permitirá llevarlo a la orilla.

Fig. 2: *Varilla telescópica fija, todas las piezas están dentro.*

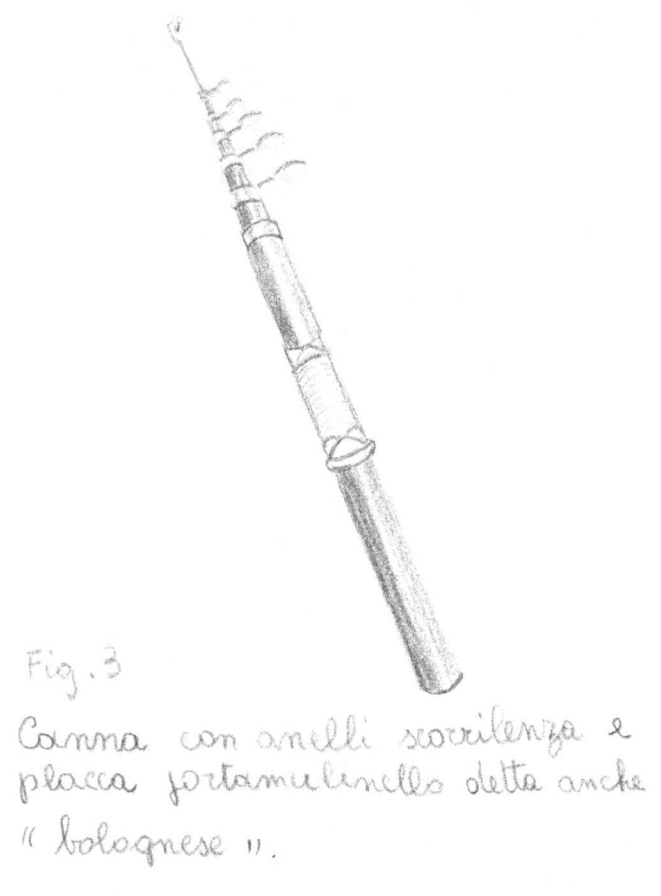

Fig. 3: *Caña con anillos para la línea de pesca deslizante y una placa porta carrete también llamada "boloñesa".*

Es mucho más fácil preparar la línea de pesca con un peso de plomo más ligero, porque, en este caso se pesca más cerca de la orilla y por lo tanto se ve mejor al pez mordiendo.

Las cañas fijas tienen una longitud que varía entre 4,50 y 6,50 metros. En algunos casos, como la pesca en los altos acantilados, las cañas de 7 metros también son buenas.

Pero la clásica caña "boloñesa" también es muy útil, nos da una seguridad extra al tirar hacia atrás y gracias a la fricción del carrete podemos usar extremos más finos y por supuesto tener la posibilidad de pescar más lejos de la orilla.

2.
LOS FLOTADORES

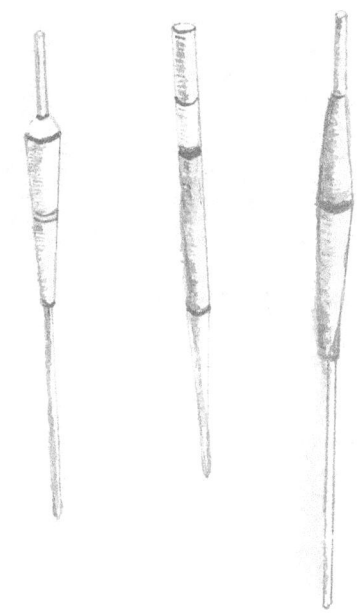

Flotadores de forma cónica recomendados para aguas tranquilas.

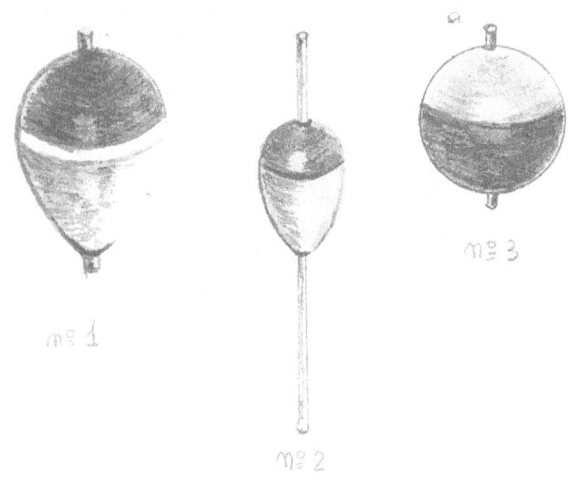

N°1 e N°2 galleggianti a pero per acque semicalme

N°3 modello sferico per acque mosse

n°1 y n°2: Flotadores en forma de pera para aguas semi-calmas

n°3: El modelo de forma redonda para aguas bravas

¿Cómo elegir el flotador adecuado? Es fácil. Observa la superficie del agua, comprenderás si está tranquila, ligeramente ondulada o muy turbulenta. Esto te ayudará a elegir el flotador.

Esta es la regla: cuanto más tranquilas son las aguas, más sensible debe ser el flotador, por lo que una con una forma delgada y larga es buena.

El color y la forma no son importantes. Hay muchos flotadores en el mercado y todas funcionan, lo que es importante para ti es la visibilidad. El flotador adecuado para ti es la que mejor te muestra las picaduras del pescado.

Cuando el agua está tranquila y quiero pescar un poco más allá, con eso quiero decir más lejos de la orilla, con mucho gusto uso el flotador a la inglesa, del 4 + 1 al 6 + 2.

Estos números están escritos en la parte inferior del flotador, +1 o +2 significa que aún podemos agregar 1 o 2 gramos de plomo si lo deseamos.

Esto te permite alejar el flotador y también aumentar su sensibilidad, gracias a esto, podrás ver a los peces morder muy bien.

Cuando el agua se vuelve más turbulenta, deberás usar los flotadores en forma de huevo o bola. Cuanto más redondeada sea la forma, mejor flotará. Puedes elegir las que ya están cargados con plomadas.
Son excelentes para la pesca de superficie, para lisas, doradas, bogues, etc. Personalmente, prefiero las que ya están equipadas con plomos de 2 a 20 gms.

Si los peces están cerca del arrecife, recomiendo plomadas ligeras, pero si los peces están más lejos, recomiendo las más pesadas.

En este punto, te debes estar preguntando qué hilo de nylon usar. Esto dependerá del tipo de pez que desees capturar. Si no hay salpas, puedes pescar con un final de 0.12 o 0.14. Si hay salpas, entonces es mejor subir a 0.20 y ahora te explicaré inmediatamente el por qué.

Cuando solía ir a pescar temprano en la mañana en las rocas de Vada, a menudo veía que el flotador se hundía, solía tirar de ella y notaba que el hilo de nylon tenía un corte limpio cerca del anzuelo.

No podía entender por qué, al principio, pensé que era debido al pez azul, entonces me di cuenta de que era por las salpas, las más grandes. Las salpas, tienen dientes afilados y a menudo pueden cortar hilos que son más delgados que 0.20.

3. LA ACTITUD CORRECTA PARA LA PESCA

Recuerdo que una vez atrapé una Lisa bastante grande. Mi caña de pescar estaba muy doblada, tan doblada que logré atraer la atención de la gente en la playa. Algunas personas se acercaron a mí para ver la escena de cerca y ver qué tipo de pez era.

En lugar de nadar frenética y fuertemente, la Lisa comenzó a sacudir su cabeza tratando de sacar el gancho de su boca.

Estaba tirando fuertemente de la caña de pescar. Me las arreglé para llevarla casi hasta la orilla. Era hermoso ver el reflejo plateado bajo la superficie del agua.

La Lisa continuó sacudiendo su cabeza y tirando. Era un tirón constante, hasta que un tirón más fuerte empujó la caña de pescar hacia atrás, aflojando toda la tensión.

Piensen que había logrado romper el hilo de nylon de 0,20. No puedo describir la decepción de los que me miraban, sus comentarios fueron algo así como:

"Esa Lisa era hermosa, ¡qué lástima! La perdiste."

Me miraron fijamente, quizás esperando ver la decepción en mi cara, o quizás para escuchar alguna maldición o algún tipo de explicación.

Se sorprendieron mucho cuando me oyeron decir en mi tono de voz tranquilo:

"Lo habría puesto de nuevo en el agua de todos modos, pude verlo, fue emocionante, ¡así que está bien! "

No estaban acostumbrados a escuchar a un pescador hablar así. Siempre tiraba los peces que atrapaba al agua, y cuando la gente me veía hacer esto, se asombraban. Los pescadores suelen llevarse a casa los peces que capturan en el mar para comerlos. Iba a pescar casi todos los días y la gente empezó a reconocerme, yo era el que tiraba los peces de nuevo al mar, a menudo oía sus comentarios. Las madres les decían a sus hijos:

"¿Has visto a ese caballero, que tira los peces de nuevo al mar como tu padre lo hace en el río"

Y otras personas decían:

"Es un pescador deportivo que practica la captura y la liberación"

Y otros:

"¿Por qué lo tiras de nuevo? ¿No es bueno? ¿Por qué no me lo das?"

A veces le daba el pescado a la gente agradecida que me lo pedía. Pero a la pregunta que me hacían:

"¿Por qué los devuelves?"

Yo respondería:

"Después de darnos tanto placer, lo menos que podemos hacer es devolverles su libertad."

Como creo que habrán entendido, no soy de esos pescadores que llevan redes para meter el pescado. Sólo llevo el mínimo equipo, lo que me da algunas ventajas. Cuando no me gusta el lugar donde estoy pescando, puedo mudarme a otro lugar en cualquier momento.

Adquirí la experiencia que tengo hoy, después de probar varias técnicas de pesca en el río, gracias sobre todo a la práctica, pero también a los cursos de pesca que tomé en el pasado.

Sin embargo, entre las diversas técnicas hay una en particular que ha sido muy importante para mi crecimiento, y es también la que me ha hecho comprender el verdadero sentido de la pesca: la pesca con mosca.

Me hizo comprender que no es el pez lo que se pesca, sino cómo se pesca. Me enseñó a respetar la naturaleza, el río y los peces.

La pesca no es más que un juego astuto entre nosotros y los peces, es un desafío continuo, tratamos de hacer lo mejor posible usando nuestras habilidades y destrezas, mientras que los peces usan su instinto de supervivencia.

A veces gana el pez, a veces ganamos nosotros, pero debemos recordar respetar al pez, porque es gracias al propio pez que a veces experimentamos emociones hermosas e inolvidables. Después de darnos placer, devolverlo a la naturaleza, ya sea el mar o el río, es una señal de respeto por la naturaleza y por el propio pez.

4. LA TÉCNICA ADECUADA

Ahora quiero hablarte de la pesca con la caña boloñesa. Después de lanzar la línea, debes mantenerla estirada, observando el flotador y tirar hacia atrás muy lentamente, si miras con atención verás la bola de pan seguida por el pez que luego la atacará.

A menudo, incluso muchas veces, se puede atrapar el pez de esta manera, se mantiene en el anzuelo durante una recuperación muy lenta, con esta técnica podemos atrapar especialmente palometones y también obladas.

Nunca dejo más de 70 cm. del flotador al anzuelo, un máximo de 1 m., no más.

En la pesca de superficie, también podemos usar dos anzuelos. Después del flotador tenemos que dejar un trozo de línea suelto de unos 70 cm que ataremos a un eslabón giratorio.

Dividiremos la línea en 2 partes, una de 30 cm de largo y la otra de 45 cm.

Las dos líneas que cuelgan del eslabón giratorio no deben tener nunca la misma longitud, ya que esto impediría la mordedura.

Para tu sorpresa, a veces atraparás dos peces juntos. En mi canal de YouTube "Lelio" puedes encontrar algunos videos que te muestran esto.

Esta es la técnica de lanzamiento:

- Lanzas

- Tiras hacia atrás lentamente para mantener la línea tensa

- Prepárate para observar el banco de peces que se precipitará hacia el cebo

Inicialmente el flotador se moverá ligeramente y luego se hundirá o flotará en la superficie. Este es el momento adecuado para tirar. Para entender mejor cuándo es el momento adecuado para tirar, haz algunos lanzamientos de prueba sin tratar de atrapar al pez.

Sólo observa el hundimiento del flotador, verás que una vez que se haya hundido, volverá a subir y se quedará quieta porque el pan ya ha sido comido. Pruébalo, esto te ayudará a mejorar el momento de tu agarre.

Después de intentarlo unas cuantas veces y una vez que hayas perfeccionado el sentido del agarre, pon el pan en el gancho de nuevo y prepárate para tirar inmediatamente tan pronto como veas ese pequeño movimiento que hace el flotador. Verás que no todos los peces muerden de la misma manera.

Por ejemplo, las lisas te darán muchos problemas para entender cuando están comiendo. Si nunca has pescado mújoles, las primeras veces, el flotador parecerá que siempre está quieta.

Pero si comienzas a observar más cuidadosamente, encontrarás que, al principio de la mordida, el flotador libera pequeñas vibraciones y notarás pequeños círculos en el agua, que se alejan del flotador.

El momento adecuado para tirar es durante los primeros dos o tres de estos círculos. Una cosa muy importante. Recuerden tirar el cebo al principio. Es lo primero que hay que hacer en cuanto llegues al lugar de pesca.

Hazlo a intervalos regulares tirando más pan al mar. No pasará mucho tiempo antes de que lleguen las lisas. Mi equipo para la pesca de lisas es el siguiente.

Casi siempre utilizo una caña boloñesa de 4 metros, que para mí es ideal, el nylon es de 0,20, utilizo una pequeña plomada tipo huevo para el flotador, asegurada debajo por un pequeño eslabón giratorio, luego 2 líneas largas, una de 30 cm de largo y la otra de 45 cm de largo.

Esta vez usaremos pan seco. El interior blando del pan,

como las baguettes o el pan de molde blanco, está bien. Pon el gancho en el pan dos veces y presiónalo parcialmente en la paleta, para evitar que se pierda durante el lanzamiento. Manteniendo el hilo ligeramente apretado y observando cuando los peces están comiendo, verás las lisas alrededor del flotador compitiendo por el cebo, justo alrededor de los pequeños trozos de pan; harán un ligero chasquido de las pequeñas salpicaduras que indicarán que es el momento adecuado para tirar.

Las lisas están tan ávidas de pan que su alimentación sólo tomará unos pocos segundos.

Cuando se pesca una lisa, siempre es mejor tirar de antemano. Las lisas se comen todo lo que hay en los anzuelos sin tener tiempo de ver moverse el flotador.

Es un tipo de pesca que hay que practicar visualmente y hay que calcular cuidadosamente el momento adecuado para tirar.

Si el viento sube o el mar empieza a agitarse, es aconsejable parar, debido a la falta de visibilidad del flotador.

5.
EL TIPO DE PAN ADECUADO PARA PESCAR

Si usamos pan fresco, es decir, pan recién horneado, entonces casi todos los tipos de pan son adecuados, aunque los panecillos de aceite de oliva o las clásicas baguettes son preferibles. Para preparar el cebo para el pan, sólo hay que abrir el pan, quitar una pequeña porción con los dedos, teniendo cuidado de no presionarlo, luego insertar el gancho en el pan y tratar de esconderlo bien.

Luego presiona todo con tus dedos en la paleta, para que no se caiga durante el lanzamiento.

Pan francés

El pan que se utiliza principalmente en la pesca deportiva es el que se puede comprar en las tiendas de caza y pesca, tiene una forma de trenza y se vende en un paquete de papel anti grasa.

Es muy simple de preparar. Remójalo durante unos minutos, luego ponlo en un paño de algodón para escurrirlo y luego presiónalo con las manos.

Si lo deseas, de vez en cuando, puedes quitar pequeñas tiras y colocarlas en el gancho en un extremo, luego enroscarlas dos veces alrededor del gancho y finalmente volver a colocarlo en el gancho de nuevo, dejando el extremo opuesto suelto.

Masa

La clásica masa de "hágalo usted mismo" es sirve. La masa de pan es muy simple de preparar, pon algunos pedazos de pan o panecillos en un recipiente con agua, cuando el pan haya absorbido el agua, sácalo del recipiente y apriétalo con las manos, quitando tanta agua como sea posible.

Luego tomas un trapo de algodón (yo uso un viejo paño de cocina) y pones el pan en él, hay que machacarlo a mano y luego añades harina blanca, hasta que se convierta en una masa suave para que no se pegue a las manos.

Para hacerla más compacta también puedes añadirle pan rallado. Trabaja la masa amasándola continuamente con tus manos, como cuando preparas la masa para pizza, sólo que debe ser más suave, debe ser muy blanda. El secreto de la masa es su suavidad, cuanto más blanda sea, más morderá el pez.

Obviamente, puedes poner el pan en el anzuelo o en la pequeña ancla.

Algunas personas también añaden aromas a la mezcla como queso rallado o pasta de anchoas u otros sabores fuertes. Creo que el pan es suficiente, una vez en el agua el pan liberará un olor muy perfumado y atractivo.

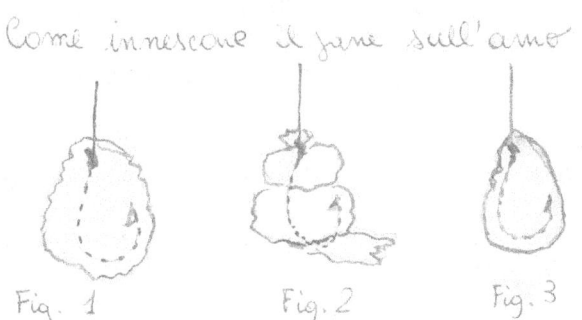

Come innescare il pane sull'amo

Fig. 1   Fig. 2   Fig. 3

Fig 1 = Fiocco di mollica di pane
Si infila l'amo dentro la mollica, nascondendolo bene. Si presse con le punte delle dita sulla paletta

Fig 2 = Fiocco di pane francese
Va bagnato prima dell'uso e stuzzicarlo bene. Si stacca un filaccione, e si penetra con l'amo da una estremità, poi lo si gira 2 volte intorno all'amo, poi si penetra ancora una volta. Deve svolazzare con l'estremità opposta.

Fig 3 = Il pastone o postella
Si mette a bagno il pane, lo strizziamo bene, possiamo aggiungere pane grattato, per dargli la giusta consistenza. Prendere una quantità sufficiente da coprire l'amo, modellarla a forma di una piccola pera. Possiamo pescare sia con l'amo o ancorina.

<u>*Cómo colocar el pan en el anzuelo*</u>

Fig. 1: *masa de pan - Inserta el gancho en la masa, asegurándote de ocultarlo correctamente. Presiona adecuadamente con tus dedos*

Fig. 2: masa de pan francés - Remojar y enjuagar adecuadamente antes de usar. Toma una tira y colócala en el gancho en un extremo, gírala alrededor del gancho dos veces, vuelve a engancharla y deja el extremo opuesto suelto.

Fig. 3: masa casera - Remojar el pan, escurrirlo, es posible agregar migas de pan para darle la consistencia correcta. Toma una pieza que sea suficiente para ocultar el gancho, moldea en una pequeña forma de pera. Pesca con el anzuelo o con el ancla pequeña.

Pan blanco de molde en rodajas

El pan blanco en rodajas es mi favorito, ya que es un tipo de pan que absorbe agua inmediatamente, simplemente remójalo rápidamente, luego exprímelo adecuadamente con las manos y luego colócalo en un paño de algodón, este paño tiene una doble función, eliminará los restos de humedad y evitará que el sol lo reseque.

Coloca el pan en forma de pera pequeña en el gancho.

6. EVITA LOS EQUIPOS INNECESARIOS

Con este capítulo me gustaría darte un mensaje específico. Intenta no cometer el error de llenarte de equipos innecesarios.

Cuando era niño, sólo tenía una caña de pescar, era más adecuada para el río que para el mar. Tenía muy pocos anzuelos y flotadores que no fueran apropiados para el mar.

Siempre pescaba con este pequeño equipo, pero al hacer de la necesidad una virtud, había desarrollado un excelente conocimiento de mi caña, practicaba tanto, que mi caña y yo éramos una sola cosa y adquirí ese sexto sentido que me permitió compensar todas esas deficiencias que tenía mi equipo.

Sin embargo, más tarde, cuando entré en una tienda de caza y pesca, me fascinaron todos los tipos de cañas que tenían.

¡Eran tan hermosas! Nuevas y en varios tamaños y colores. Miré todas esos flotadores que tenían formas y colores tan atractivos, que parecían estar esperándome sólo a mí.

Escuché una pequeña voz que venía de los flotadores, y cada una de ellas parecía decirme:

¡Cómprame! ¡Cómprame! "

Pensé:

"Si tuviera esas cañas de pescar, si tuviera esos flotadores, quién sabe cuántos peces pescaría"

Y desde entonces cada vez que entraba en una tienda de caza y pesca, siempre compraba. Siempre compraba algo, aunque no fuera útil para mi tipo de pesca, pero no podía resistirme.

Por lo tanto, me encontré con tanto equipo, que aún hoy no lo he usado todo. Oscar Wilde solía decir:

"¡Puedo resistir todo menos las tentaciones!"

Ciertamente no soy mejor que Oscar Wilde y por eso...

7. COSAS IMPORTANTES A SABER

Mareas

Un consejo fundamental. Antes de ir a pescar, es aconsejable observar el mar el día anterior. Hay que comprobar el momento en que baja la marea, esto se llama marea baja. No es aconsejable pescar en ese momento. Durante este período, los peces estarán lejos de la orilla, porque la corriente habrá arrastrado con ella, todo de lo que ellos se alimentan.

En cambio, observa cuando la marea vuelva a subir, es decir, cuando veas las rocas descubiertas, cubiertas por el agua de nuevo, es el momento adecuado para pescar. Este movimiento se llama marea alta.

El entorno de la pesca: los arrecifes naturales y artificiales

Todos los arrecifes naturales y artificiales que encontramos en el mar son excelentes para la pesca. Están llenos de pequeñas cuevas, barrancos (que son calas donde se esconden los peces) donde los peces vagan continuamente en busca de alimento.

Si los miramos de cerca, están llenos de vegetación, cuantas más algas haya en las rocas bajo el agua, mejor, también veremos lapas, erizos de mar, cangrejos, son pistas que indican que el lugar es perfecto.

Siempre debes pescar donde el agua esté más profunda cerca de las rocas, recuerda siempre que lo primero que debes hacer cuando llegues a un lugar es lanzar el cebo en el alcance de tu caña de pescar. Pero no lo hagas sólo al principio, continúa a intervalos regulares durante toda la sesión de pesca.

En este escenario pescarás besugos, doradas que son los clásicos peces de aguas profundas, pero también aquellos peces que viven en aguas medio profundas o incluso peces de superficie como las lisas, sargos y palometones.

El entorno de la pesca: las desembocaduras de los ríos

Las desembocaduras de los ríos, así como los canales que desembocan en el mar, son uno de los mejores lugares para la pesca.

Los fondos de los ríos son casi siempre arenosos, de profundidad media-baja, pero suficientemente poblados por diferentes especies de peces.

Se pueden encontrar muchas lisas diferentes, que nadan por los ríos durante varios kilómetros, dada su capacidad para adaptarse a las aguas dulces.

Fig. 1: *Tanto los arrecifes naturales como los artificiales son un paraíso para los pescadores*

Fig. 2: *Degradación de la costa rocosa con rocas que emergen de debajo del agua Un gran lugar para los besugos y sargos.*

Fig. 3: *El suelo oceánico del arrecife con praderas submarinas, excelente para los besugos y las lisas.*

Fig 4: *Un fondo marino variado, bueno para todo tipo de peces*

Al principio de la desembocadura también se encuentran palometones que vagan constantemente en busca de alimento.

Siempre pesca en el punto más profundo y donde la corriente es más tranquila, esto te permitirá tener un ritmo más lento (por ritmo lento me refiero a que donde estás pescando hay poca corriente, por lo tanto, te permite observar el flotador correctamente) permitiendo que el cebo toque el fondo donde será perseguido y atacado por los peces que están en la zona en ese momento.

8. MEDIDAS MÍNIMAS DE LOS PECES

Para evitar posibles multas por parte de las autoridades, es mejor conocer las medidas mínimas de los peces. El tamaño se calcula desde la boca hasta la parte extrema de la aleta caudal cerrada. Aquí abajo están las medidas mínimas de los peces en Italia.

NOMBRE COMÚN	NOMBRE CIENTÍFICO	MEDIDA MÍNMIA
Anchoa	Engraulis encrasicolus	9 cm.
Aguja	Belone belone	25 cm.
Anguila	Anguilla anguilla	28 cm.
Boga	Boops boops	7 cm.
Lisa o Mújol	Mugil cephalus	20 cm.
Corvina negra	Sciaena umbra	20 cm.
Dentón común	Dentex dentex	30 cm.
Congrio	Conger conger	50 cm.
Amia Calva	Lichia amia	60 cm.
Palometa	Trachinotus Ovatus	7 cm.
Barracuda	Sphyraena sphyraena	30 cm.
Besugo rallado	Lithognathus mormyrus	15 cm.
Morena	Muraena helena	60 cm.
Oblada	Oblada melanura	7 cm.
Corvina	Umbrina cirrosa	25 cm.

Gilthead bream	Sparus aurata	20 cm.
Salpa	Sarpa salpa	07 cm.
Mojarra	Diplodus vulgaris	18 cm.
Sargo Picudo	Diplodus puntazzo	18 cm.
Sargo Común	Diplodus sargus	23 cm.
Caballa o Verdel	Scomber scombrus	18 cm.
Sargo anular	Diplodus anularis	12 cm.
Róbalo	Dicentrarchus labrax	25 cm.
Jurel o Chicharro	Trachurus trachurus	12 cm.
Pargo Chopa	Spondyliosoma cantharus	7 cm.
Tordo verde	Labrus viridis	7 cm.

9. EL TIPO DE PECES QUE PUEDES CAPTURAR CON PAN

La Boga

La boga es una especie que pertenece a la familia Sparidae. Su cuerpo es cónico, tiene una boca bastante pequeña, pero tiene dientes muy afilados que a menudo pueden cortar un hilo de nylon muy delgado.

BOGA
(Boops boops)

Su cuerpo refleja colores que van del amarillo al verde claro. No crece muy grande, raramente alcanza los 30 cm. Los costados y el estómago del pez son plateados.

Este pez tiene ojos muy grandes. La traducción del nombre científico "Boops boops" es "ojo de buey". La mejor época para pescar este tipo de peces es el verano, pero el otoño también es bueno, y casi todas las horas del día están bien.

Se puede encontrar cerca de los arrecifes naturales y artificiales, en territorios mixtos, donde hay arena, rocas y pastos marinos de los fondos oceánicos de posidonia.

Es un pez muy fácil de atrapar. Cuando está cerca de las rocas es preferible usar una caña de pescar fija, es más rápido de capturar. Las bogas se mueven en grandes cardúmenes y se pueden capturar muchas de ellas en poco tiempo. Por supuesto, cuanto más corta y ligera sea la caña de pescar, menos se cansará el brazo.

Recomiendo un hilo de nylon de 0,18, un flotador muy pequeño en forma de bola y atar un anzuelo del tamaño de 18 con un tallo largo y una pequeña bola de pan en forma de pera, a un metro de la bolla.

Las plomadas deben ser agrupadas a unos 10 o 15cms del gancho. Una plomada dividida será suficiente.

Recuerda siempre que hay que amasar bien el pan antes y durante la pesca.

La Lisa

Su nombre en latín es Mugil Cephalus, también se le llama salmonete y pertenece al grupo de peces alargados. Es un pez muy elegante, su cuerpo es largo, robusto y fuerte y se aplana hacia la cola.

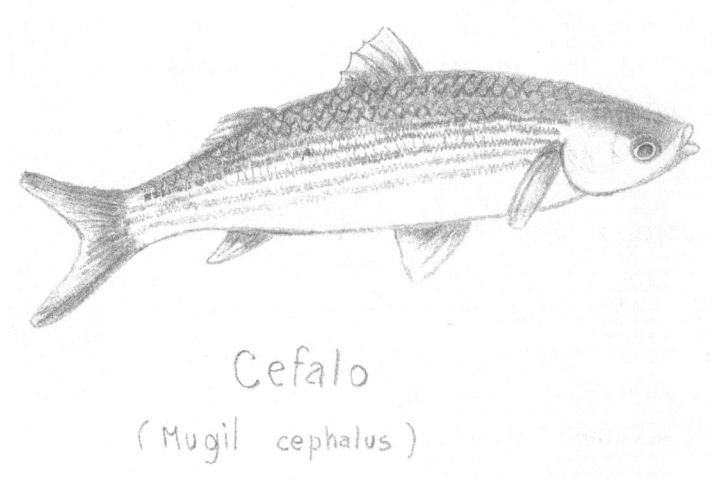

Cefalo
(Mugil cephalus)

Su color en general es plateado, que es más oscuro en la espalda y más claro en los costados y en el estómago. Este pez es un nadador incansable, su resistencia, una vez enganchado, es impresionante.

Se puede pescar durante todo el año, aunque las mejores estaciones son primavera, verano y otoño. Cualquier momento del día es bueno.

Se encuentra tanto en agua salada como dulce, en puertos, cerca de los acantilados, tanto artificiales como naturales, y también en las salidas de los ríos, en los que ingresa y nada durante varios kilómetros.

Estos peces se mueven en grandes cardúmenes, a menudo puedes encontrarlos cerca de vertederos de desechos orgánicos, y es por eso que su carne a veces tiene un sabor desagradable. Puedes atraparlos con la caña de pescar boloñesa o fija.

Atrapa lisas con una caña de pescar fija

Es ideal usar una caña de pescar fija, posiblemente hecha de carbono, con un punto de acción de 5 a 6.50 m. Sugiero un hilo de nylon de 0.16, 40 cm más corto que la caña de pescar.

El flotador debe tener una forma muy cónica y debe ir de 0.5 a 1.5 g. como máximo. Al final, amarra un eslabón giratorio donde puedas atar otros dos extremos con un hilo de nylon de 0.12. Un hilo debe tener 30 cm de largo y el otro 60 cm.

El tamaño de los ganchos de vástago largo y delgado variará de 16 a 10. Es preferible agrupar el peso en la parte superior del eslabón giratorio con plomadas divididas de 0,12.

Es preferible usar pan francés como cebo, empapado y exprimido muy bien antes de usar, arrancar un pedazo, luego penetrar el gancho en un extremo, luego girarlo dos veces alrededor del gancho y penetrarlo nuevamente para dejar el extremo opuesto suelto.

Antes de comenzar a pescar en el área, debes arrojar bolas de pan del tamaño de una naranja previamente remojada y adecuadamente exprimida, en el agua.

Haz esto incluso mientras pescas a intervalos regulares, sigue tirando puñados de pan al agua.

Lleva un pequeño cubo contigo para preparar el pan y, por supuesto, también lleva mucho pan contigo. Recuerda tirar inmediatamente con determinación tan pronto como veas la varilla del flotador hundirse.

La mordida de las lisas solo dura unos segundos, por lo tanto, más vale anticiparla, que llegar tarde.

Si el cardumen de lisas se encuentra en la superficie, entonces se pesca en aguas poco profundas, a no más de un metro de profundidad, mide el fondo del agua con una sonda y mantén el cebo a unos 10 cm del fondo.

Atrapa lisas con la vara boloñesa.

Cuando las lisas están lejos de la costa es mejor pescar con la caña boloñesa. Si estás pescando desde acantilados bajos, una caña de 4 metros estará bien.

Sin embargo, si se pesca desde acantilados altos, se puede usar incluso una caña de 7 metros.

Cuando el agua está en calma y no hay viento, utilizo el flotador a la inglesa 4 + 1 con un extremo suelto de unos 70 cm, un ancla pequeña tamaño 14 y pan blanco de molde previamente empapado y debidamente exprimido con un paño de algodón.

En este caso, usamos el anzuelo pequeño, porque al lanzar más lejos se corre el riesgo de perder el cebo, pero con el anzuelo que sujeta bien el pan se lanza la línea con mayor seguridad.

Después del lanzamiento no mantengas el cebo quieto, sino que debes tirar de él muy lentamente, manteniendo la línea de pesca apretada, verás el flotador y la bola de pan casi a flote. Cuando veas que el cardumen de lisas se detiene, las lisas atacarán el pan con avidez, hundiendo el flotador o moviéndola a un lado. Recuerda tirar inmediatamente con determinación.

Cuando el agua comience a moverse es preferible usar el clásico flotador en forma de huevo con un hundimiento de 2 a 6 g. de plomada.

Si el mar está ligeramente agitado, es preferible utilizar un cabo suelto más corto, 30 cm será suficiente, con una pequeña ancla, empapado de pan blanco en forma de una pequeña bola en forma de pera.

Después de lanzarla, tira muy despacio, de nuevo esta vez cuando veas llegar las lisas, detente y espera.

Cuando veas salpicaduras o agua moviéndose alrededor del flotador, significa que están comiendo el cebo con avidez. Es mejor tirar inmediatamente, de lo contrario el pan se acabará en un instante. Las lisas, no siempre se mantendrán unidas, esto es parte del juego.

Recuerda que las lisas muy raramente tragan el cebo, lo chupan con los labios, a veces se deslizan sobre él para desmenuzarlo y luego lo chupan, por eso las lisas raramente hunden el flotador, depende de nosotros aprender a elegir el momento adecuado para atraparlas.

Lisa, Mujol o Lebrancho (Mugil cephalus)

La Oblada

Su nombre en latín es Oblada Melanura y pertenece al orden de los peces de forma alargada. Su cuerpo es ovalado, está aplanado a los lados y es de color plateado.

Al final de su cuerpo, cerca de su cola, tiene una marca oscura que, junto con sus grandes ojos, se ha ganado el nombre de "occhiata" en italiano que significa "mirada"

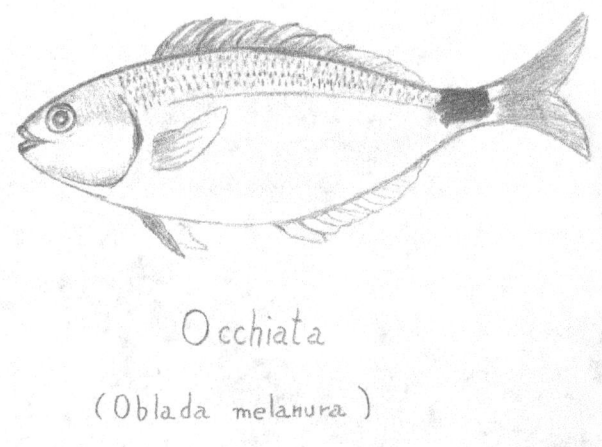

Occhiata

(Oblada melanura)

En primavera, las obladas se acercan a la costa en grandes cardúmenes. Aman las costas rocosas profundas y poco profundas. También prefieren fondos rocosos, con algas mezcladas con arena.

No crecen muy grandes, pueden alcanzar 30 cm como máximo.

Las condiciones ideales de pesca son cuando el mar está agitado, cuando las olas golpean las rocas y causan un rastro de oleaje. Una caña fija rígida lo suficientemente larga como para pasar el oleaje es ideal. Es preferible usar la línea sin el flotador, con un pequeño anzuelo de tamaño 16 o 14, con pan.

Lanza la línea más allá del oleaje dejando que el cebo se hunda naturalmente. Déjalo colgar mientras lo mueves muy lentamente de un lado a otro hasta que encuentres el pez.

Las obladas muerden inmediatamente, pero debes tirar rápido, porque su captura puede asustar al resto de los peces que huyen. Por supuesto, el final debes ser lo suficientemente fuerte, un 0.18 o un 0.20 está bien.

La pesca con la caña boloñesa también es buena con un carrete cargado con un peso de 0,18. Para el flotador usaremos el clásico huevo o plomada en forma de bola si el agua es muy agitada. El peso debe ser de 3 a 8 gramos.

Para el final, recomiendo usar aproximadamente 1 metro de 0,16 fluorcarbono con un gancho de anclaje de tamaño 14 de ancho, en el que puedes colocar un poco de pan.

La mejor época para pescarla es en otoño, pero puedes obtener una buena captura incluso en primavera y en verano.

Oblada

La Salpa

Las salpas (Sarpa salpa o Boops salpa) pertenecen a la familia Sparidae. Es un pez muy combativo y divertido.

Se encuentra muy comúnmente en el Mediterráneo, cerca de los tramos rocosos, arrecifes bajos y fondos marinos mixtos, siempre que haya algas, su comida favorita.

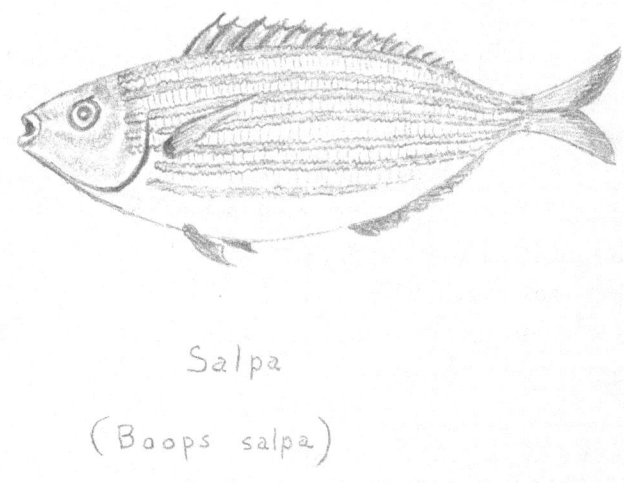

Salpa
(Boops salpa)

Observen los acantilados con calma, los que tienen mechones verdes de algas que se mueven con la corriente, tengan la seguridad de que las salpas estarán allí.

Para pescar salpas de la manera correcta se necesitarás potentes cañas de pescar, ya sean cañas fijas o las cañas boloñesas.

Las salpas tienen dientes puntiagudos muy afilados, así que le sugiero que nunca uses un extremo que esté por debajo de 0,20. Como estamos pescando cerca de las rocas, prefiero un flotador que pesa 1 gramo y un extremo suelto de unos 120 o 150cms.

El anzuelo debe ser de tallo largo y de buen tamaño, de 14 a 8.

Como cebo, el pan clásico, pan fino o blanco rebanado, empapado y bien exprimido, la cantidad debe ser bastante considerable.

Recuperar las salpas es bastante difícil, hay que mantenerlas lo más lejos posible de las rocas, ya que pueden resbalar en las grietas o cualquier otro obstáculo haciendo que la línea roce contra ellas y causando que se rompa.

Son muy divertidas, tirarán de la línea a lo largo y ancho y no se rendirán muy fácilmente. Una vez que están cansados y exhaustos, recomiendo usar la red de aterrizaje. Si decides cocinar este pescado, te sugiero que le retires las entrañas y lo enjuagues repetidamente en el mar antes de llevarlo a casa.

El principal alimento de las salpas son las algas marinas, así que para evitar esta fermentación, que daría a la carne un sabor desagradable y fuerte, es mejor tomar esta precaución.

La Palometa

La palometa (Trachinotus Ovatus o Trachinotus Glaucus) es parte de la familia Carangidae. Tiene un cuerpo de forma ovalada, está comprimido a los lados con una boca pequeña y ojos bastante grandes en comparación con su cuerpo. Las aletas anales y la primera dorsal están dispuestas simétricamente y opuestas entre sí.

Leccia stella
(Trachinotus glaucus)

Su cola es estrecha y larga y tiene forma de V. Su cuerpo es de un color blanco muy nacarado, tiene manchas más oscuras en los costados mientras que las puntas de las aletas son negras.

Apenas alcanza los 50 cm de longitud y puede pesar hasta 2 kg. Se encuentra en todo el Mar Mediterráneo y en el Océano Atlántico Oriental.

Es muy común cerca de las costas y también en las desembocaduras de los ríos. Se acerca a nuestras costas durante los meses de junio, julio, agosto y septiembre.

Un cebo al que no puede resistirse es un pan blanco cortado en rebanadas, sólo mojado (no empapado) e inmediatamente escurrido con un paño. Una vez en el agua, deja un rastro de olor irresistible, y de hecho ataca el pan con bastante violencia.

Sugiero usar la caña boloñesa, con un flotador con peso, que tiene forma de bola o con la clásica forma de huevo, el peso del flotador dependerá de los peces, si están cerca 3 gramos está bien, si están más lejos incluso 6 u 8 gramos.

Si pescas cerca de la orilla, un hilo de 1 metro más o menos es suficiente, pon un pivote en el extremo del mismo, en el que debes atar otros 2 cabos sueltos, uno de 30 cm y otro de 45 cm con anzuelos que van del tamaño 14 al 10 en los que coloco una bola de pan en forma de pera.

La mordida de la palometa es muy determinada, no es raro, considerando que se pesca con dos anzuelos, atrapar dos de ellas juntas. Como mencioné anteriormente, en mi canal de You Tube, pueden encontrar algunos videos que muestran esto.

Si el cardumen de palometas está más lejos, debes aumentar el peso del flotador, disminuir el hilo, que debe ser de unos 70 cm. más o menos, pero esta vez usarás una pequeña ancla de tamaño 12 o 14 en el extremo, por supuesto siempre ponle pan, pero asegúrate de que esta vez sea una porción más abundante.

Para un lanzamiento más largo, la pequeña pica es ideal porque sostiene mejor el pan y evitará que se pierda.

Cuando se pesca lejos de la orilla para hacer carnada, se debe tirar el cebo tres o cuatro veces libremente, así el pan se quedará allí y atraerá a los peces.

La próxima vez, después de lanzar, tira muy lentamente, tan pronto como veas llegar el banco de peces, deja de tirar y prepárate ya que el flotador comenzará a moverse muy rápidamente, ¡entonces tira inmediatamente!

Las palometas son buenas luchadoras, se divertirán trayéndolas a la orilla. Su carne es muy apreciada en la cocina.

El Sargo

Su nombre en latín es Diplodus Sargus, forma parte de los peces de cuerpo alargado y pertenece a la familia Sparidae. Su cuerpo tiene una forma ovalada elíptica y está comprimido lateralmente.

SARAGO

Tiene una boca sobresaliente, ojos grandes y es plateado y blanco en el estómago.

Se encuentra en todo el mar Mediterráneo, en el mar Tirreno y en todas aquellas áreas que tienen pisos oceánicos mixtos, llenos de moluscos.

Puedes encontrarlo en las costas rocosas, dentro de los puertos, en los arrecifes naturales y artificiales, en estas áreas submarinas donde se desarrollan microorganismos que dan vida a todas las pequeñas algas y mechones de hierba.

Existen diferentes tipos de sargos; sargo cebra, sargo blanco y sargos de dos bandas. Cuando el mar comienza a moverse, es el mejor momento para pescar sargos.

Una caña boloñesa de 6 a 8 m. es ideal, combinada con un carrete de 2500 con un buen 0.18.

Recomiendo un flotador de forma redonda, ajustada para que el cebo flote a unos 20 cm del fondo y el uso de un ancla pequeña de tamaño 12, ya que sostiene mejor el pan.

Prefiero el pan blanco en rodajas porque es fácil de preparar.

Asegura bien tu área de pesca, cuando los peces vean nuestro buen cebo, lo atacarán violenta y decisivamente, mostrándonos picaduras espectaculares.

Su defensa es muy poderosa, tienes que tirar de ella de manera decisiva, porque si logra meterse en un pequeño escondite, puedes decirle adiós de inmediato.

Sargo

Otros peces que puedes capturar con pan

Los que acabo de enumerar son los clásicos peces que se pueden pescar con pan, pero hay muchos otros que se pueden pescar mientras se pesca con pan.

Por ejemplo, los pargos. Si se capturan en la orilla, no suelen ser muy grandes, son las clásicas "pequeñas vigas marinas", sin embargo, puedes disfrutar de su captura incluso con pan.

A veces por la noche, cuando se pone el sol, he pescado ocasionalmente algunos peces de roca. Si te pasa, ten mucho cuidado porque sus mordeduras son muy dolorosas, lo sé por experiencia.

Incluso a los serranos pintados les gusta el pan, tan pronto como se quedan enganchados en el anzuelo, tienen una defensa muy fuerte, pero después de unos momentos salen muy fácilmente.

Debes saber que cuando el mar está en calma, llegan cardúmenes de pejerreyes y sardinas.

Usando una caña fija de 4,5mt y usando una armadura ligera, como un hilo de nylon de 0,10 y un anzuelo tamaño 18, puedes divertirte mucho y puedes llevarte una gran cantidad a casa.

Para aquellos que aman los peces fritos, este es el tipo de pez ideal.

Recuerden, por supuesto, de tirarles cebo a menudo. Incluso el pez arco iris mediterráneo se puede pescar con pan.

Pejeverde o Doncella (Thalassoma pavo)

¿Ves cuántos peces diferentes puedes pescar con pan? ¿No es fantástico este cebo? Es muy fácil de preparar, es limpio, siempre lo tenemos a mano, no tienes que ir a la tienda de caza y pesca para comprar gusanos de ningún tipo ni ningún otro cebo vivo.

Por lo tanto, no tienes que preocuparte por mantener el cebo en el refrigerador para que dure, ni dejarlo para enfriar en el garaje.

¿Sabes cuántas personas han dejado una bolsa de gusanos en el garaje, que lograron escapar y terminaron en todas partes?

Después de un tiempo, obtienes muchas moscas. Hay personas que han abierto su garaje para encontrar cientos de moscas volando. En estos momentos sólo debes esperar que tu esposa no tenga que ir al garaje, de lo contrario ...

Bromas aparte, esto también puede suceder, ¡pero este problema no existe con el pan!

Conclusión

Por último, dejé lo más importante por encima de todo lo demás, que es lo que realmente marca la diferencia. Quiero que prestes atención a esto. ¿Alguna vez te has preguntado por qué los peces atacan cebos artificiales en la pesca a spinning?

Por más similar que sea, el cebo artificial siempre es un cuerpo inanimado, ya sea de metal o silicona, nunca será comestible, si estuviera acostado en el fondo solo causaría curiosidad.

Es el movimiento que hace que un cuerpo inanimado cobre vida, es el movimiento que desencadena el ataque en los peces. No sabemos si es por hambre, curiosidad o defensa territorial, pero esto es lo que sucede.

Ten en cuenta que con el pan tienes el doble de posibilidades de atrapar un pez. Todos sabemos que el pescado muerde el pan incluso cuando se queda quieto, pero ¿alguna vez has tratado de moverlo también?

Para tu sorpresa, prueba mi técnica. Después de lanzar la línea, mantenla apretada, tira muy lentamente, alternas pausas cortas, con una recuperación lenta. Entonces, mientras retrocedes lentamente, detente solo cuando veas venir a los peces y espera a que muerdan. Si no, tira de nuevo.

Debes imaginar que nuestro bocado de pan es una pequeña sepia que nada lentamente, el color blanco y el movimiento atraerán a los peces que querrán ver de qué se trata.

Recuerda que algo que se mueve es más visible que algo que se queda quieto.

Esta lógica simple, siempre me ha hecho atrapar muchos peces, intenta una y otra vez hasta obtener los mismos resultados que yo. Dicho esto, ahora puedo irme deseándote la mejor de las suertes.

LELIO ZELONI

LA PESCA SEMPLICE CON IL PANE

¿El Verdadero Secreto?
¡La Experiencia!

YouTube: Lelio Pesca
Facebook: Lelio Pesca
Instagram: Lelio Pesca

leliopesca.com
pescaconpan.com

www.ingramcontent.com/pod-product-compliance
Lightning Source LLC
Chambersburg PA
CBHW072207100526
44589CB00015B/2401